在滿地的碎玻璃中
慢慢重建一顆勇敢自信的心

開始喜歡我自己。

渡部椪

序幕　拿智慧型手機當心靈的擋箭牌

怎、怎、怎麼辦？
緊張
緊張
在這裡突然掉頭又太奇怪了…
只距離幾步而已
這種時候，我採取的手段竟然是…
迅速
掏！
假裝自己是一個「只顧著玩手機完全沒注意周遭情況」的人，
當作沒有注意到對方。
不好意思請給我這個
躡手躡腳
我玩手機玩得太入迷了——
不安 不安
真的很抱歉——
不安
瞬間鬆了一口氣…
呼~
話說回來，我也真是太沒出息了。
不過是打聲招呼就這麼害怕，
我到底是在躲什麼啊…？

超市 HEYYOU
DENTAL
於是，我的情緒迅速盪入谷底。
嗚…
妳好啊 要回家了嗎？
是啊
阿姨好～
為什麼大家可以笑得那麼開心？我就辦不到……
說起來，我剛進高中時也是這樣。
雖然說過幾次話但不知道算不算朋友的人
她好冷淡喔
好像有過這樣的事。
不知不覺想起令人討厭的過去。
不管過去還是現在，我總是這麼怯懦，畏首畏尾的。
真是個沒用的人。
我這個笨蛋。
嘆氣
心情低落到無以復加。
唉～這種時候，就趕緊買一買，快點回家吧。
然後把自己塞進毛毯裡…。
總共是2340圓。
¥
哎呀！
○×集合住宅
不期而遇
！
剛才的太太

妳剛回來嗎？
最近早晚溫差很大呢～
啊！是呀！
嗯…
現、現、現在才回來！
啊！
不過我只是去買個東西。
我在說什麼啊
啊！
先、先走啦！
因為不會應付這種突發狀況講話都結巴了
嗶
開門
呀～
人家絕—對會覺得我是個怪人～
抓頭
抓頭
為什麼我這個人總是這樣!?
受不了～
所以說我最討厭自己了啦！
討厭
討厭
超討厭
不知道從何時開始，我發現無論如何我都沒辦法喜歡我自己。
顫抖 顫抖
像我這個樣子，究竟該怎麼做，
沮喪到這個程度就不太容易振作起來了
想在這個人世間活下去，好辛苦啊…
才能多喜歡自己一點，感受到人生的樂趣呢？
待續

前言

從小時候開始，
我就沒辦法喜歡自己，
經常沉溺在
沮喪難過的情緒裡。

儘管發生了開心的事，
也會馬上覺得：
「反正輪不到我」，
而自顧自地悲傷。

我一直覺得，
因為自己是個沒用的人，
所以這是無可奈何的事。

這樣的我，
心裡始終藏著一個想法：
「總有一天，
要能喜歡我自己」。

這本書的內容有點沉重，
閱讀時如果感覺不舒服，
請暫時闔上書本，
休息一下再繼續哦。

請慢慢
享用
熱茶吧！

渡部桜

目錄

手臂脫力

抽抽
噎噎

［第1話］ 痛苦的記憶

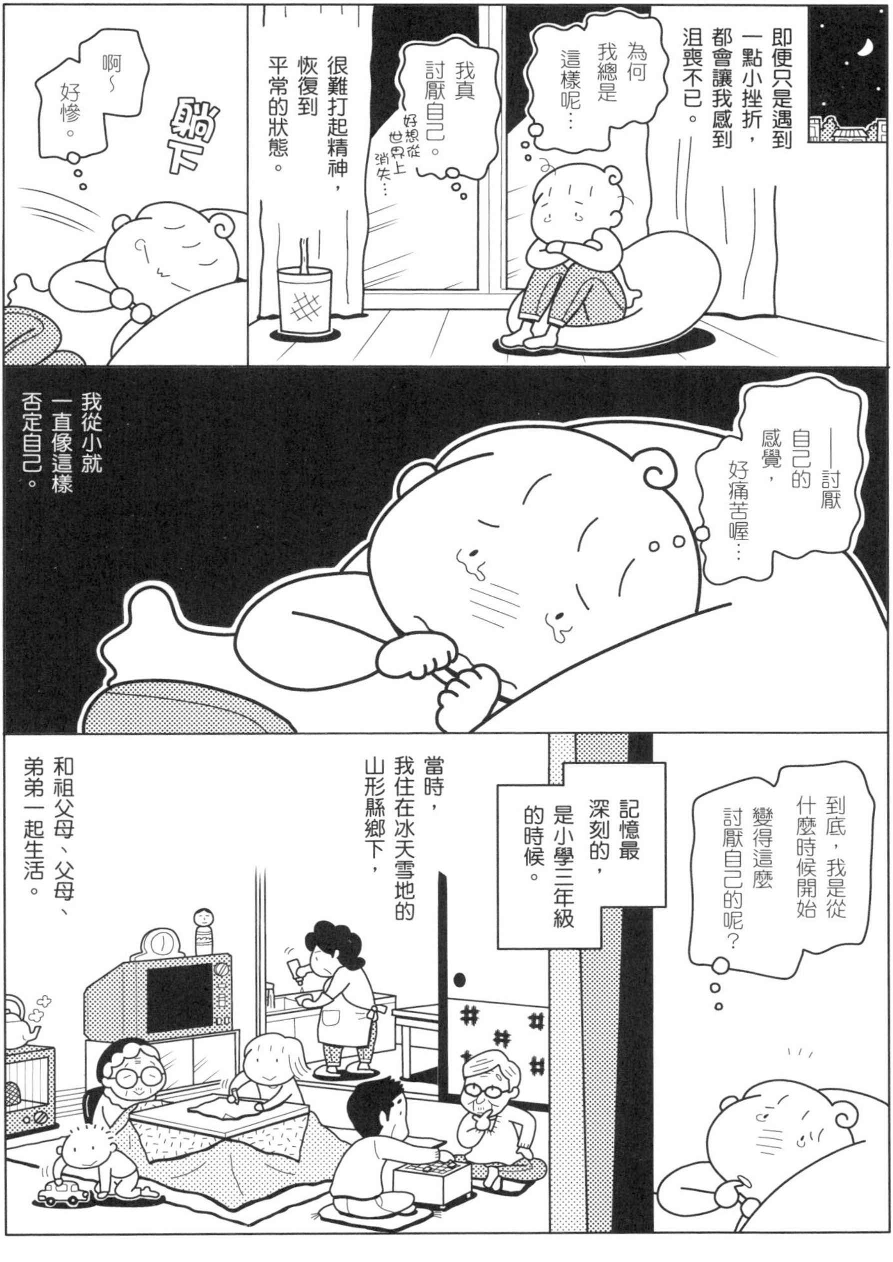
即便只是遇到一點小挫折，都會讓我感到沮喪不已。
為何我總是這樣呢…
很難打起精神，恢復到平常的狀態。
我真討厭自己。
好想從世界上消失…
躺下
啊～好慘。
——討厭自己的感覺，好痛苦喔…
我從小就一直像這樣否定自己。
到底，我是從什麼時候開始變得這麼討厭自己的呢？
記憶最深刻的，是小學三年級的時候。
當時，我住在冰天雪地的山形縣鄉下，
和祖父母、父母、弟弟一起生活。

小椪真的很喜歡畫畫呢，是哪一張呀？給奶奶仔細瞧一瞧。
嗯！好唷！
爸爸那邊的奶奶
小椪！
去把今天用過的便當盒拿出來！
為什麼每天都要我說才會做呢！
好、好的——
對年幼的我來說，
媽媽是世界上最可怕的人。
瞪—
媽媽給人的第一印象是待人和氣、喜歡照顧人，
做事乾脆，既勤快又開朗。
沒問題交給我吧！
山形縣的名產芋頭鍋
但有時也會和鄰居發生衝突，有她強勢的一面。
連一條抹布都縫不出來的人不配當媽媽
竊竊私語
真討人厭
就是
PTA（註）的聚會
而當時的我，是個對周遭反應遲鈍，
經常忘記東西、搞丟東西的問題兒童。
糟糕…
對了，昨天我也把便當盒放在學校裡，忘記帶回家。
在學校也只有我的課桌椅總是亂七八糟
今天有帶回來嗎？
翻找
翻找

（註）PTA：Parent-Teacher Association，家長和教師組成的聯合會。

在哪裡——
在哪裡——
忘記了
妳該不會又忘了吧!?
昨天也是，妳都已經被罵到臭頭了欸！
明天沒有便當盒可以帶去學校了！
媽媽幾乎每天都對我破口大罵。
對不起…
而且，只要媽媽一生起氣來，
妳這孩子，不管做什麼都亂七八糟，所以才會忘東忘西跟搞丟東西！
啪
就會花上1~2個鐘頭教訓和處罰我。
みかん
發展到這一步的話，家裡就沒有人可以阻止媽媽了，
祖父和爸爸都假裝不知道
等、等等，妳罰也罰過了，差不多可以了吧？
少囉嗦！
我在教小孩，妳不要插嘴！
竹尺
只能等她氣消。
但那天媽媽的心情似乎特別差，
她突然強硬地脫掉我的衣服…

丟
!!
那天晚上有暴風雪，外頭的雪很厚。
好冷…
發抖
我沒生過妳這個孩子，
我不要妳了，給我滾！
驚呆
這時，
為什麼我總是惹媽媽生氣？
僵硬僵硬
我好討厭這個沒用的自己…
沒多久之後奶奶就來救我了
我清楚地有了自覺。
由於類似的事反覆發生，因此這樣的想法
我是沒用的人。
我最討厭自己。
便深深烙印在我的心底。

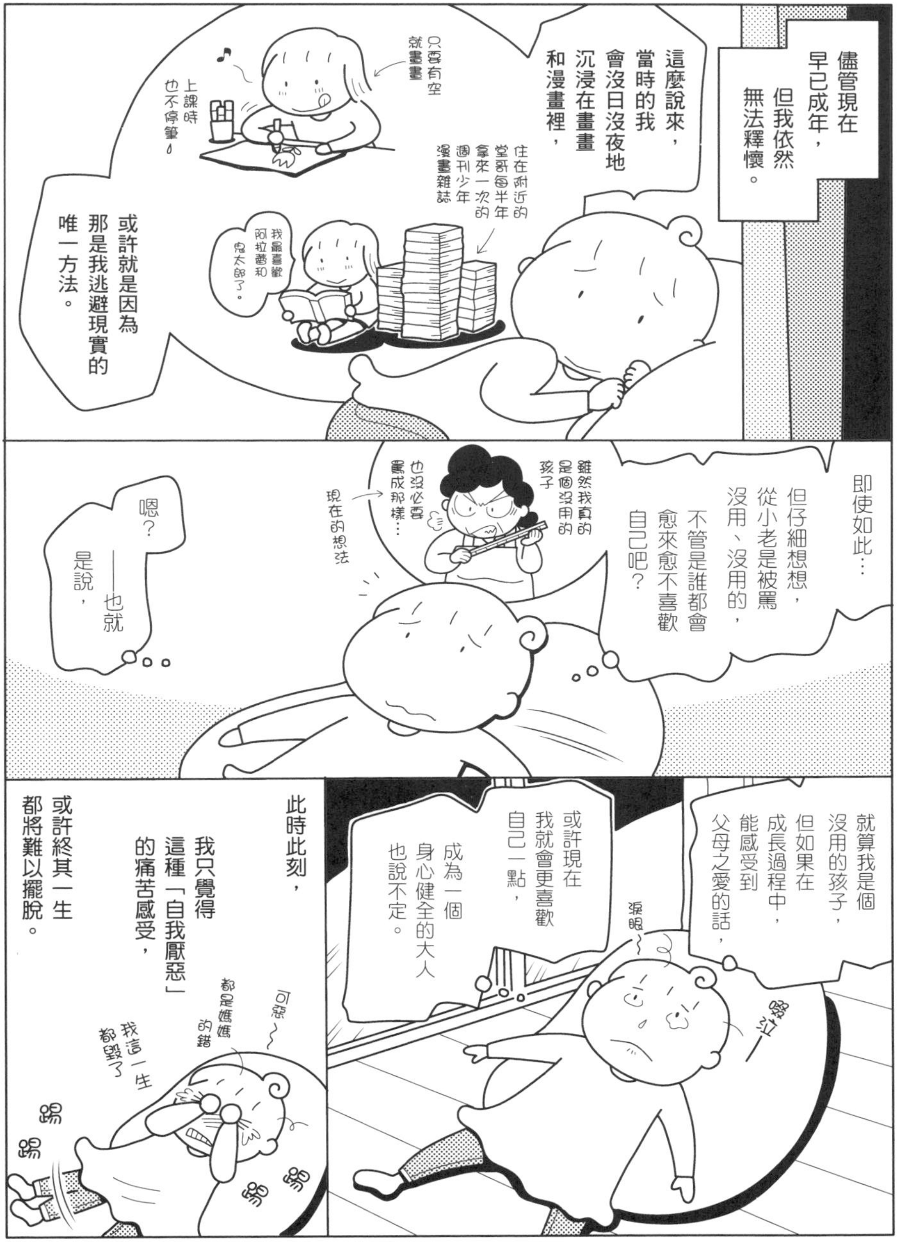
儘管現在早已成年，但我依然無法釋懷。
這麼說來，當時的我會沒日沒夜地沉浸在畫畫和漫畫裡，
只要有空就畫畫
上課時也不停筆
住在附近的堂哥每半年拿來一次的週刊少年漫畫雜誌
我最喜歡阿拉蕾和鬼太郎了。
或許就是因為那是我逃避現實的唯一方法。
即使如此…
但仔細想想，從小老是被罵沒用、沒用的，
不管是誰都會愈來愈不喜歡自己吧？
雖然我真的是個沒用的孩子
也沒必要罵成那樣…
現在的想法
嗯？——也就是說，
就算我是個沒用的孩子，但如果在成長過程中，能感受到父母之愛的話，
或許現在我就會更喜歡自己一點，
成為一個身心健全的大人也說不定。
淚眼~
嗚泣—
此時此刻，
我只覺得這種「自我厭惡」的痛苦感受，
或許終其一生都將難以擺脫。
可惡~
都是媽媽的錯
我這一生都毀了
踢
踢
踢
踢

其實…
我真的很討厭自己
種種事件
穿著相當極端
完全不在意
皺巴巴的運動服
全身搭配得完美無缺
or
看到店員在忙就不好意思叫店員過來
結果一直忍耐著不敢點餐
那個請問
唉 算了
忙進忙出
我不敢帶明星的剪報上美容院
中村杏
好美喔—
於是就像剛想好似地
那就像這樣~
用現場的美髮型錄決定自己的髮型
留最安全的長髮
但過了一段時間
我都等這麼久了
我就會反過來一肚子氣
煩躁 不安
生氣生氣
我羨慕那些表現出色看起來很快樂的人
真好
但背後卻又有點瞧不起他們
呵呵
我特別喜歡名牌或有名的東西
還有一部分是受歡迎的日用品
容易辨識的名牌商品
或有名的工藝品
就算有喜歡的演員
好帥哦！這長相我喜歡！
呀—
呀—
我也不會坦白說出來，
演技比想像中好，這齣戲的劇本也很棒~
而是找藉口拚命掩飾

[第 2 話] 現在開始還能改變嗎？

是不是因為自己缺乏自信的關係？
唉，反正像我這種人，別人也不想邀請吧？
常常會胡思亂想。
其實兩人是在街上偶然遇見順路一起去而已
結帳處
我算算
三人平分應該是３５６３日圓～
啊
不用、不用，我都收了妳們的禮物，妳們出３５００日圓就好。
欸
可是…
這樣不好意思
沒關係、沒關係！
再說
找零錢也很麻煩。
對吧
那就聽妳的囉
我手上沒有零錢，真是幫了我大忙！謝謝～
小椪 妳人真好！
對呀——
我極度在意旁人的眼光，有時候會對人過度親切，導致招致自己的損失。
咦？是嗎？
啊哈哈哈
哪裡是人好，其實我只是不想被討厭而已…
再見
掰掰
我就是這個樣子。
唉
我又做這種事了。
一個人反省中

以前，有好幾次我都努力要改變自己。
算是吧。
為了能多喜歡自己一點，我努力地改掉缺點，
拚命節食
還打掃了髒兮兮的房間
想當個開朗到不行的人
哇哈哈
啪啪
甚至還想過，如果下定決心改變自己的個性，也許會活得更輕鬆。
成為自己期待的人時，我心裡很高興。
只要願意，就連我也做得到嘛！
這樣就不會有人笑我了！
從今以後就可以活得自由自在了吧？
啊哈哈哈
煩惱也沒用～
我以為這樣就會愈來愈喜歡自己。
可是，過了一段時間我便習慣了這樣的生活，
改變之初所感受到的喜悅變得愈來愈淡。
房間收拾整齊身材保持苗條
這些都變得理所當然
發呆——
某一天，就因為一點小事立刻被打回原形。
想不到小椎妳這麼邋遢
嚇
我果然是個沒用的人啊⋯
當然，做過的事情並沒有白費，可是⋯
結果，我還是很討厭我自己⋯

果然是因為小時候被那樣撫養長大，
現在才會變成這種大人。
我沒生過妳這個孩子！
啪
人哪，真是江山易改，
本性難移啊！
俗話說三歲定終身…
我回來了～
妳回來啦，玩得開心嗎？
啊
嗯！很開心。
欸嘿嘿
你在看什麼？
這個嗎？
這是之前預錄下來的紀錄片。
這位80歲的老奶奶，最近靠著自修考上高中了喔！
現在是個高中生
欸——
好厲害！
80歲的高中生
那個年代，因為戰爭導致社會動盪，
家裡每個人都為了掙口飯吃而拚命努力。
就算想上學，也不敢跟父母親說。
——可是，

現在的我不但有時間，
錢也可以自己想辦法，
所以想趁著還健康的時候，
自我挑戰看看。
高1
小時候想做，
卻不敢跟父母說的事嗎…？
我的話，有哪些呢？
媽媽總是幫我買紅色或粉紅色的衣服，
但我真正想要的是藍色或綠色的衣服。
從親戚那裡接手的衣服也很多
我想自己挑選筆記本和鉛筆。
其實我也很想學鋼琴或唱歌。
——換句話說，
原來——
我希望他們不要事事駁斥我。
揪痛
當下我感到一陣心痛，
同時也察覺到，
驚!?
飄
「小時候的自己」從心裡面飛了出來。

我好想被溫柔地對待。
一點點也好
希望吃飯時能快樂一點，
希望他們多看一看我的優點，
希望他們多聽聽我說朋友、學校的事。
我也想要像其他的孩子一樣，好好被愛！
好好被撫養長大！
那個「小時候的我」
至今仍不停地乞求著，
當年求之不得的東西。
在心裡的某個角落，我總會有
沒有自信。
身而為人，我好像欠缺了什麼。
沒有人會喜歡我。
像這樣的情緒。
沮喪
常見的一幕
磨蹭猶豫
因為我沒有好好被撫養長大，
所以才那麼沒用。
其實同樣也是那個小小的我的心聲。
所以我才會那麼討厭自己。

……
揪緊
包含以前那些被媽媽虧待的部分，
哼
就讓我代替她，好好傾聽自己兒時的聲音吧。
當時想做卻不被允許的事，
做不到結果半途而廢的事，
合唱
刷牙加油
練習題
算数
如果我再挑戰一次，
說不定就能讓我有所改變，
——而且或許能更喜歡自己。
好棒啊～人只要想做，什麼年齡都不是問題呢～！
老婆婆真了不起
！
就這樣，我決定要面對「小時候的自己」。
說得對，肯定是的。
嗯。

其實…
我真的很討厭自己
種種事件
反正我也考不上。
做事不認真馬上就放棄了
也許是害怕認真後又失敗
資格
飲食方面出了問題
吃太多
吃太少
飲酒過量
在食物上花太多錢
嗚呃—
所謂適量飲食真的好難哦
瞬間以為自己被人嘲笑心裡七上八下
啊哈哈
嚇
噗通噗通
面對信任的朋友或戀人會想把自己所有的事都告訴對方希望對方了解自己的一切
我想要你了解我的一切，包容我並且接受我。
那、那樣有點沉重欸…
啊
對不起！
我的口頭禪
?
人家沒問的事忍不住喋喋不休說個沒完
害怕沉默的氣氛也不想被人瞧不起
那家的餃子很好吃哦水餃皮非常Q彈—
說到Q彈小時候舉辦過搗麻糬大會然後啊—
既想綁住別人也想被人綁住
每天都要傳Line!
LINE
不由自主地想當個「好人」
而且會勉強自己
好人

其實…
我真的很討厭自己
種種事件
不自覺地裝作沒興趣的樣子
如果被人家知道我喜歡那種東西，臉就丟大了！
嗯
哦～是嗎～
不懂得回應人家的讚美還會不自覺去猜想言外之意
妳是不是變漂亮啦？
咦？
不不不沒有這回事
難道是我的妝太濃了嗎？真抱歉
就算是很無聊的東西我也會忍不住加以批評
這首曲子和廣告一點都不搭嘛～
內心覺得自己是個吐槽鬼
而且還很毒舌
我常會因擔心無法符合對方的期待過度努力
進而為此感到疲憊
乾脆俐落
乾脆俐落
經常受別人的意見所影響導致自己的立場搖擺不定
嗯 那樣也可以啦
這款 那個 那個嘛
嗯 好啊
總是找藉口
因為我不知道，沒有辦法啊。
因為我沒有錢，也沒有時間嘛。
拿最小片的吃
自己主動承擔損失
PIZZA

[第3話] 小時候做不到的事

提到這個，我還嚮往穿紅色鞋子，
也想戴金色手錶，
我還想要彈跳棒——
啊
彈
彈
寫
寫
哎唷
好像變成單純的慾望清單了。
算了
接下來是做不好的事情…
嗯——
總覺得寫出來需要一點勇氣。
嗯～
靠自己後翻上槓，這我一次也沒有成功過；
而且我總是記不住哪邊是右邊，哪邊是左邊。
這點現在也覺得很怪
欸右邊？
因為分不清左右邊所以被誤以為視力很差
我沒辦法照順序數數，也不會傾聽人家說話。
不耐煩
動來動去
像這樣子的糖果
巧克力
我沒辦法照順序吃掉
18
+ 27
要進位的算數就不行了
這麼說來，就連簡單的算術我也學不好。
現在也一樣
於是，「小時候的我」再度飛身而出…
哇
飄
還有很多哦！

我沒能好好完成作業，班上也只有我拿不出刷牙紀錄。
因為太胖的關係，所以我在班上跑得最慢；不但是個健忘鬼，還很不會整理東西…
——還有，我也不敢做親子體操。
親子體操？
沮喪…
這時，從前早已遺忘的童年記憶，瞬間回到我的腦海。
啊
對了！快上小學前，的確有這麼一回事。
我和媽媽一起去參加之後要就讀的小學所舉辦的新生說明會。
好的—！
跳完廣播體操暖身之後，緊接著讓我們一起來做親子體操吧！
那麼，請先跟自己的爸爸或媽媽手牽手。

來吧！快點牽手。
那個……我……
對我而言，媽媽的手令人感到畏懼，
妳在做什麼呀？怎麼還不動作！
因為…
無論如何，我都提不起勇氣碰觸。
噗
噗
噗
為什麼大家都能玩得那麼開心呢？
直接坐到膝蓋上～！
不知所措
呀呀
呀呀
而且，萬一跳不好的話，搞不好會被罵到臭頭，所以我不敢挑戰。
受不了！慢吞吞的！
不爽
只有我們母女倆安靜地坐在那裡。
我偷偷望向媽媽的側臉，
旋轉
呀呀
她的側臉看上去似乎像是在生氣，又像是在難過。
…………
我從未見她露出過那樣的表情，令我至今仍記憶猶新。

大家都做得到的事，我卻辦不到。因為我是個沒用又奇怪的孩子，
所以媽媽在失望之餘，才會對我發脾氣。
上小學前，就有這種煩惱啊。
此時，我以旁觀者的角度對小時候的自己感到同情。
明明還那麼小真可憐⋯
如果現在的我是住在她家附近的大人，知道這孩子有這樣的煩惱⋯
哎呀
小楚雲回家了嗎？
啜泣
啜泣
或許我會這樣跟她說吧？
這樣啊～
妳很害怕吧？不過不用擔心啦～
拍拍
總有一天妳也做得到，再說，跟人家不一樣並非都是壞事唷！

於是，
嗯？
不管是小時候的自己，還是現在的自己，
心裡的某個角落似乎都輕鬆起來了。
原來如此。
現在我對這孩子說的話，
泛淚
原來是當時我希望媽媽會跟我說的話呀。
滴
察覺到這一點之後，我的眼淚再也停不下來…
嗚嗚
我真的好可憐！
掉眼淚
掉眼淚
話說
自己可憐自己，還哭得亂七八糟，雖然很蠢，可就是停不下來啦。
哽咽哽咽
接著，在大哭一陣子之後。
嗚哇
擤鼻子

呼～
總算舒服多了。
我自己一個人在幹嘛啊…
咕嘟
咕嘟
吸鼻子—
吸鼻子—
嗯！
跟人家不一樣，並非都是壞事喔！
拍拍
儘管媽媽沒有跟我說過那樣的話，
我已經成為會這樣想的大人了。
覺得這樣的自己有點了不起耶！
不過，那說不定就是自我肯定的第一步。
接下來說不定會是我大轉變的關鍵。
好了！
「成年後的再挑戰清單」也完成了，
一一嘗試看看吧。
嗯！
成年後的再挑戰清單
我回來了…
哇！
妳的臉怎麼了！
欸嘿嘿

其實…
我真的很討厭自己
種種事件
算了明天再做
習慣把事情往後延
對賭博手機遊戲和釣魚
過度沉迷
我實在忍不住啦!
這種興奮感
出乎意料地喜歡自吹自擂
人家一找我訴說煩惱就高興得不得了
其實我覺得很煩惱~
咦!? 是什麼? 妳怎麼啦?
竟然也有想給人建議的一面…
有時候會想把所有的朋友關係重新歸零
如果把這些全部刪除那就乾淨多了
擁有的內衣褲數量很少
內褲三件
內衣兩件
在洗手間和人家站在一起補妝時會覺得很不自在
其實是個完美主義者
食譜
沒有九條蔥的話就做不成這道菜了!
普通的青蔥
乾脆讓人家覺得自己是個沒用的人比較輕鬆
但真的被這麼說時
啊哈哈
妳真的很沒用耶~
震—驚
又會沮喪到想躲起來

［第 4 話］　回憶裡的金色手錶

那麼
這份「成年後的再挑戰清單」，要從哪裡開始好呢？
咕嘟 咕嘟 咕嘟
滿懷期待
我想想
種類真多呀…
首先，還是去買「小時候想要卻得不到的東西」比較容易～
所謂的「大人式掃貨（註）」？
啊 好像是要買東西
呵呵呵
有了大人的財力，我什麼都買得起！
問你喔
老公，你有什麼東西是小時候大人不買給你，等自己長大之後再買回來的經驗嗎？
嗯—
沒有吧…
家裡連任天堂紅白機和漫畫都買給我了…
啊！
我想到了！
我媽從以前就很注重健康，所以餐桌上很少出現食物調理包，可是…
小時候某天我在電視上看到了顆粒狀的玉米濃湯速食包廣告
香濃可口
心動 心動
看起來好好吃喔！
哦哦

（註）成年以後一次性地大量購買糖果、玩具、漫畫等兒童商品，之後衍伸為個人單次購買一定數量以上的商品或服務。

就鬧著讓媽媽買給我了。
真是的～
拿你沒辦法。
太棒了！
安い
興高采烈地回到家以後⋯⋯
這個很鹹，對身體沒什麼好處，
所以我們泡一半就好。
媽媽用整碗熱水來泡二分之一包的濃湯粉
咕嘟咕嘟
咕嘟
！
味道好淡！
香濃～
好喝嗎？
而且水水的⋯⋯
現在我爸媽都快要八十歲了，身體還是很硬朗。雖說都要歸功於媽媽的健康管理，
可當時我滿心思念的都是香濃玉米濃湯啊。
這樣啊～
確實很健康～
後來我上了大學，忽然想起這件事，就去買了濃湯粉。
按照標準分量泡出來的玉米濃湯超級濃郁，實在是太美味了！
實際上今天也喝了
幸福⋯
原來老公經常喝玉米濃湯是因為這個理由啊⋯⋯
那我要買什麼好呢？
嗯——有好多呢，真煩惱～
？
踢踢

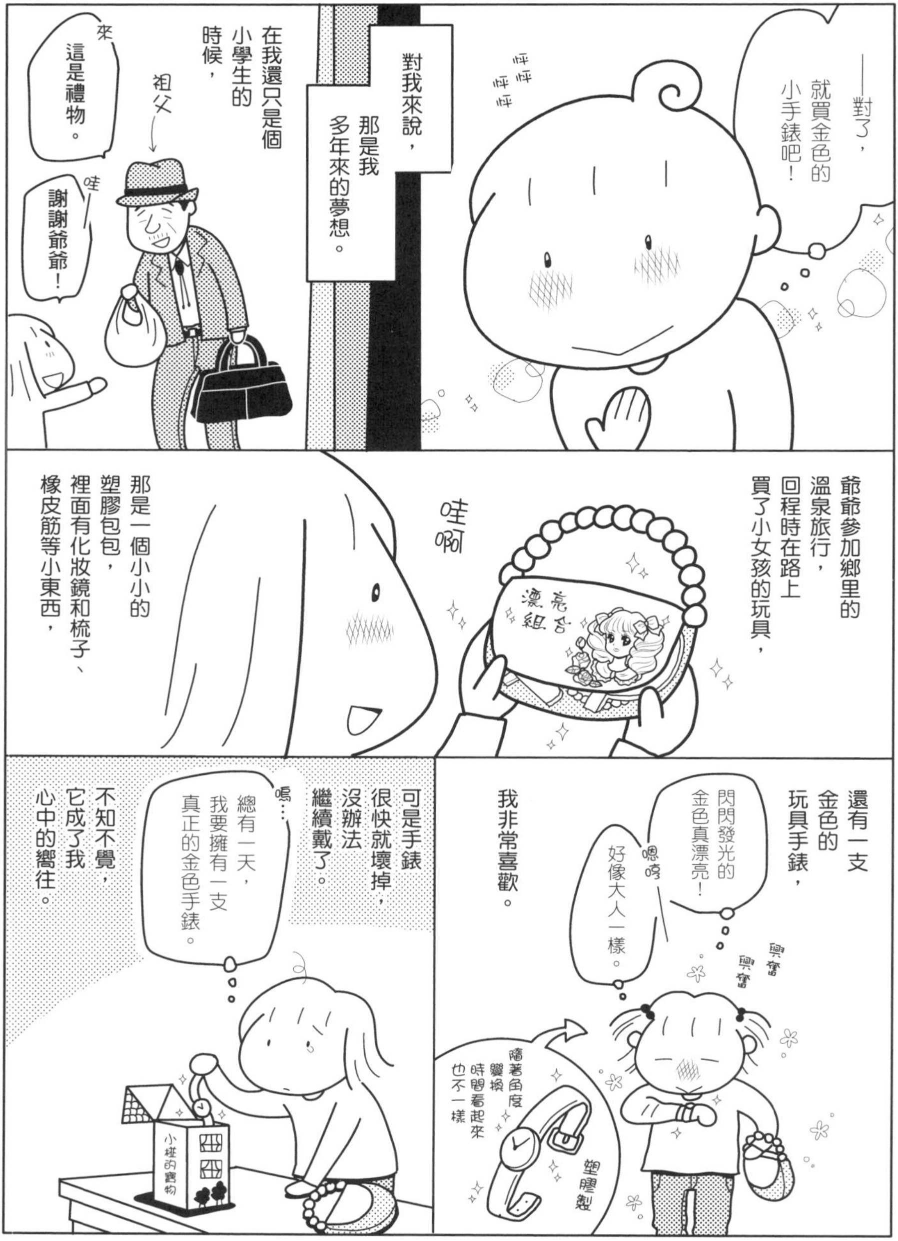
——對了，
就買金色的
小手錶吧！
怦怦
怦怦
對我來說，
那是我
多年來的夢想。
在我還只是個
小學生的
時候，
祖父
來
這是禮物。
哇
謝謝爺爺！
爺爺參加鄉里的
溫泉旅行，
回程時在路上
買了小女孩的玩具，
哇啊
漂亮組合
那是一個小小的
塑膠包包，
裡面有化妝鏡和梳子、
橡皮筋等小東西，
還有一支
金色的
玩具手錶，
閃閃發光的
金色真漂亮！
嗯哼
好像大人一樣。
我非常喜歡。
興奮
興奮
隨著角度
變換
時間看起來
也不一樣
塑膠製
可是手錶
很快就壞掉，
沒辦法
繼續戴了。
嗚……
總有一天，
我要擁有一支
真正的金色手錶。
不知不覺，
它成了我
心中的嚮往。
小椎的寶物

那之後過了八年，在追悼祖父逝世的法會上。
哎呀 小椪！
啊 是東京的阿姨。
頭髮非常短
小椪明年就要升高中了吧？這是阿姨送妳的賀禮。
就是這個
哇啊 謝謝阿姨！
點頭致謝
在法會上拿給妳真不好意思，不過，如果不是這種時候，我們也很難碰面吧？
小椪能用得上的話，阿姨會很高興～
!!
好美！
阿姨送的禮物剛好也是金色手錶。
我好高興！謝謝妳，阿姨…
啪
不行！這個禮物我們不能收！
怒
怎麼會…為什麼？
這東西還給妳
當時，媽媽對我身上穿戴的東西異樣地嚴格。

媽媽不喜歡青春期的我打扮得漂漂亮亮，
也不希望我對異性產生興趣，總要求我穿得像個男生一樣。
頭髮剃得很短
穿的是運動服或媽媽淘汰的T恤
偷偷買有顏色的唇膏甚至還會被打…
高中生用不著戴那麼有女人味的手錶！反正這孩子那麼像男生，我看也不適合她啦～
哦呵呵
沒、沒這回事啦。
對吧
……
那…先收在櫃子裡，等高中畢業再拿出來戴就行了。
我都特意買來了嘛
嗯、嗯。
嚇
不行！
不可以收。請妳帶回去！
現在回想起來當時可能還有其他事情讓媽媽心情不好
結果阿姨把手錶帶回去了，
那支錶沒有機會戴在我的手腕上。
就算到了現在，我一想到金色手錶，就覺得很悲傷，甚至覺得「那不適合自己」。
儘管金色手錶很美，我卻無法戴上它。
不過
現在下定決心買下來，應該也可以吧！
——就這樣
怦動怦動

我決定搜尋理想中的金色手錶。
盯──
嗯──這支也很棒
話雖如此但真的適合我嗎
仕女手錶
目錄
經過了整整一個月的徬徨猶豫
決定了！就是這支！
嚇
目錄
我選了一支錶面小巧，搭配有編織錶帶的金色手錶。
星辰手錶 Citizen Kii 系列 27000 日圓左右 ※現在停產
哦
要買手錶嗎？哪一支？
唔〜造型很簡潔嘛〜！
不錯捏〜
對吧！
目錄
因為，這支手錶，
是心裡那個「小時候的我」最喜歡的一支。
哇啊
和爺爺給我的手錶好像喔！
目錄
過了幾天之後
我回來了〜
買下來了♡買下來了♡
興奮興奮
興奮

趕快來戴戴看。
翻找 翻找
啊！
僵住
那什麼騷包的手錶！
吞口水……
緊張 緊張
我已經可以買自己喜歡的東西了，也可以戴上手錶！
啪 啪
嗯！
我戴！
——哇啊！
閃亮 閃亮 閃亮
雖然手錶很小，可是閃閃發光的，好美！
——什麼嘛，哪有什麼不合適！是吧？
嗯。
真美！
我心中的芥蒂似乎都消融了。
從此以後，
每天早上整理儀容時，
好！準備完畢！
扣上
我都會戴上手錶。

手錶總是閃閃發光，不但看著開心，
嗯 不管什麼時候看都好美❤
滿意
外出中
嗚啊～
所以媽媽不是說了嗎！不聽話的孩子就不是我們家的孩子！
雖然知道這是很普通的管教，但有時候還是會讓我因聯想到媽媽的怒吼而喘不過氣來。
嚴重時會想吐或者淚流不停
咿～～ 罵人的聲音好可怕…
恐怖 恐怖 恐怖
！
閃亮 閃亮 閃亮
對！我已經是大人了，想做什麼就可以做什麼！
呼～ 深呼吸 深呼吸
早就不是那時無能為力的我了。
呼～
從前遭到媽媽否定，一直以為不適合自己的金色手錶，成為大人後，已經戴在我的手上了。
每當看見這支手錶，就讓我想起自己那份果斷的勇氣，
嗯 已經沒關係了。
振作 振作
我會變得越來越強大的。
大步 前進
大步 前進

要讓「小時候的我」開心起來
還可以這麼做
造型便當

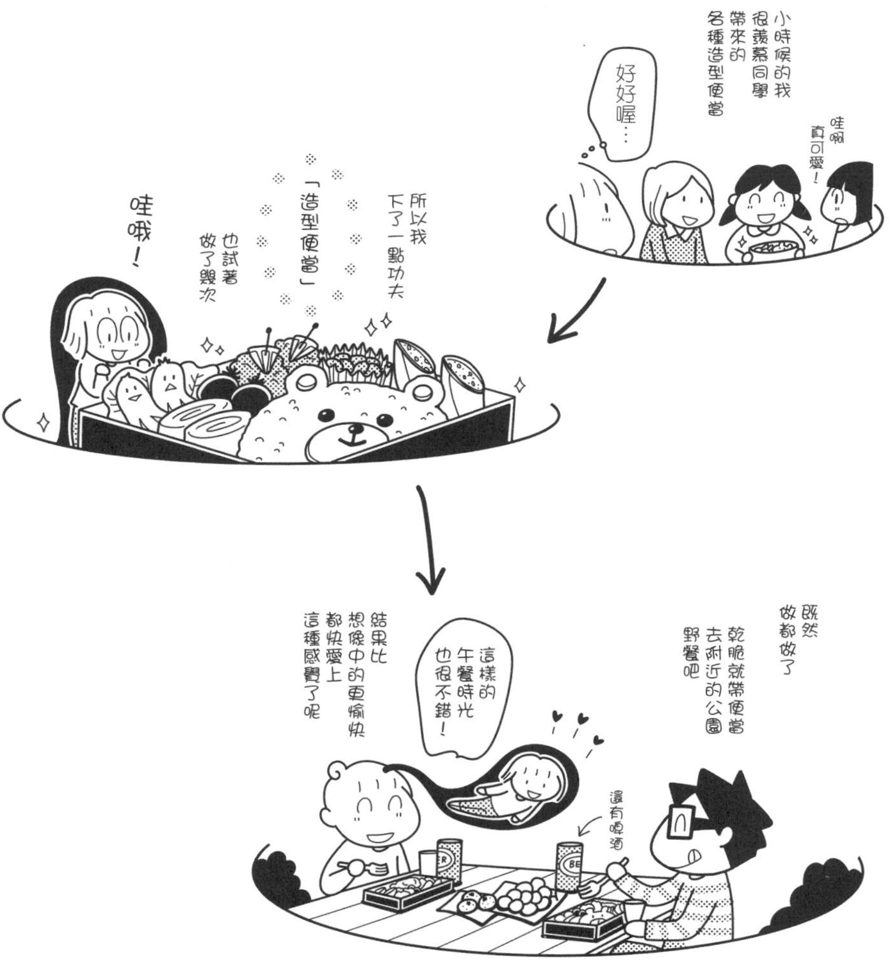
小時候的我很羨慕同學帶來的各種造型便當
好好喔…
哇啊真可愛！
所以我下了一點功夫
「造型便當」
也試著做了幾次
哇哦！
既然做都做了
乾脆就帶便當去附近的公園野餐吧
這樣的午餐時光也很不錯！
結果比想像中的更愉快
都快愛上這種感覺了呢
還有啤酒

［第 5 話］　兒時希望父母為我做的事

哇~真好吃！
嗯嗯
好！挑戰成功！得分！
握拳
像這樣
叮叮~
經驗值好像有被往上提升的感覺。
小椪 ♀ 人族
HP + 1
一直以來，我總覺得自己缺少了一點什麼，
那或許要歸咎於小時候的經驗不足吧？
大口咬
所以，如果我將那些缺少的部分一一填補起來，也許就會更加喜歡我自己。
好吃
那麼
「成年後的再挑戰清單」，接下來要做什麼呢？
嗯？
嘩啦啦~
刷刷
洗洗
老公刷牙時總是刷得好認真哪。
家裡應該教得很好
刷刷
飯後都會刷牙
當然零蛀牙
和每天刷得不情不願的我大不相同。

啊!
對了!接下來就做「刷牙日曆」吧!
每次刷牙後就為一個圖形上色
7月
刷牙日曆是在我國小時,學校發的刷牙紀錄表。
小時候,不管是刷牙,還是每天乖乖坐在書桌前寫作業,都令我感到非常厭煩,
所以我一次也沒有完成過刷牙日曆。
丟
好麻煩
如果能夠完成,說不定又可以消除心裡的一個芥蒂。
找回童心設計一下~
好!
首先就從刷牙日曆開始!
做得到嗎
然後,我做了這張圖!
月
刷過牙後就替半顆蘋果上色(一天兩次)。
我把它貼在洗手台上,旁邊先擺好彩色鉛筆,這樣才能每次都塗上喜歡的顏色。
喔!
插在瓶裡的彩色鉛筆好可愛
5月

從第二天起，我就開始在刷牙日曆上認真記錄。
雖然不太喜歡刷牙，但畢竟因為是每天都要做的事，
刷刷
成年後就能理解刷牙的重要性。
所以要持續下去並不會太困難。
今天要塗什麼顏色咧？
橘色！
7月
看著每天增加的彩色蘋果，我心裡感到很滿足。
好棒！再一點點就完成一整個月的蘋果了！
小椪 ♀ 人族
HP + 1
叮叮～
經驗值上升中
太好了！
厲害 厲害
哼哼～不過，現在這麼簡單的事，為什麼小時候會做不到呢？不可思議…
嗯？
——這麼說起來…
哇——彩色的好漂亮！
媽媽和我一起畫的唷！
班上的Y同學
大家回去和爸爸媽媽一起做吧！

小孩子自己一個人可能很難持之以恆吧？
如果是那樣的話，為什麼爸爸媽媽沒有陪我一起做呢…？
哇！
啪
啪
好不容易心情還不錯，就不要去想那些會難過的事了。
閃亮亮
7月
總之，就當我現在是父母的角色，陪這個孩子去做她「想做」的事。
發生這件事情以後，
刷刷刷
刷刷
不光是刷牙日曆，包括日常生活中遇到的種種情境，
今天穿哪一件好呢？
我想想喔～黃色！
飄出來
我都會問問這個「小時候的我」。

衣服上是不是有污漬或皺褶？
嗯，都沒有！
小時候做不到的事，
我們一起檢查，看看有沒有忘記東西。
嗯，沒問題！
我會用鼓勵、讚美的方式應對。
出門前要先整理一下喔。
好的——
加油
了不起
就在某一天。
哦～頭髮已經綁得很順手了！
因為有練習呀
幫自己編髮是我的夢想
飄出來
嗯！我學會編髮了！
！
——原來，我學會了呀！
我再次體會到，這是靠我自己的力量完成的。
嗯
長期以來的自卑感，導致我經常出現哭泣、委屈的情緒，然而……
啥!?
糟了採訪要遲到了
跳
跳

即使進度緩慢，
但我終究
有了屬於自己
的成長。
關門
呼～
趕上了！
卡嚓
卡嚓
總是將一切
歸咎於過去，
不認同
現在的
自己，
或許也
無濟於事。
有些事情即使
我現在還無法釋懷，
回想起來
依然感到悲傷，
我也不會忘記
今後的路，
更何況，
過去曾發生過的事，
現在也已
無法改變。
不過——
N桑——
F桑——
啊
小桂
早安
倘若能用
自己的力量，
使現在變得
更幸福……
小桂
今天的
髮型
很好看耶～
謝謝～
也許我們就不會再
指責過去，
也不會為過去的
種種所困。
如果能
那樣就好了，
大概還要
花很長的
時間吧？
我的心境
似乎有了
一些轉變。

要讓「小時候的我」開心起來還可以這麼做

彩色鉛筆

［第 6 話］ 長大成人後的後翻上槓

這麼問有點突然，
大家有沒有那種「小時候不管怎麼挑戰都不成功」的事情？
成年後的再挑戰清單
我有很多，不過其中印象最深刻的還是…
後翻上槓。就是它！
呼
哈
啪
啪
國小時，體育課下課前還學不會吊單槓的學生，都要在放學後留下來練習。
同學們都慢慢學會了，
一個接一個地放學回家。
老師再見
再見
結果只剩下我一個還學不會…
唉…
今天就算了，回去吧。
是。
老師臉上的表情像驚愕又像是放棄般，讓我備受打擊。

儘管我不說
就沒有人
會知道，
但不管怎麼樣，
我還是覺得
「不會後翻上槓
＝
反應遲鈍」
心裡的某個
角落總有
一種自卑感。
哦！
飄出來
我要學會
後翻上槓！
嗯
說得對，
那我們就
試一試吧！
雖然不知道
會不會成功
因此，
這次我從
「成年後的
再挑戰清單」中
選了
『後翻上槓』
來做做看。
——話雖如此…
如果要練習的話，
就只能利用
晚上人少時
到附近的
公園去
吊單槓，
可是
我一個人
又覺得
不好意思…
所以我和
老公商量，
希望他能
陪我一起去
練習。
你回來啦～
那、
那個…
扭扭
捏捏
哦？
妳又幹了
什麼好事？

——事情就是這樣，可以請你輔助我練習嗎？
嗯？
扭扭
捏捏
其實…
後翻上槓這個動作，我也沒有成功過。
在這麼近的地方竟然有同伴！
所以我很能理解妳的心情。
我也想學會後翻上槓！我可以一起練習吧？
鏘鏘——！
大人後翻上槓隊
組隊完成！
喔喔！
那就一起練習吧！
就這樣，我和老公決定兩人一起練習。
晚上十點，附近的公園。
人比想像中少，應該比較容易放得開，
就在這裡練習吧！
嗯。
噗噗
那、那麼…睽違三十年的後翻上槓，我們來了！
預備—

呼~
不行嗎~
我大概了解後翻上槓的原理，本來還以為可以馬上學會呢…
手臂不要伸直
腳往上踢之後
以腹股溝為軸心旋轉身體
嗬
嗬
啪—
啪—
可惡~
嗬
啪—
嗬
啪—
嗯~
感覺再一下下就成功了說…
嗚嗚…
果然還是做不到嗎？
腦海中浮現出討厭的回憶
呼
哈
飄出來
啊！
對了。
我已經決定把自己當成「小時候的我」的父母來思考、行動了。

我想想
如果我是這孩子的媽媽，
我不但會要求孩子練習，自己也會一起努力，
一骨碌
唷！
只要去做就會成功！
希望孩子能有這樣的感受，也想陪她一起開心。
如果孩子依然學不會，我也會稱讚她努力的過程。
妳很努力唷～
揉揉
嘗試了好多次，真了不起！
我希望她明白自我努力和自我挑戰的重要性。
而且，最重要的是，
不會後翻上槓並不代表妳比別人差，
妳有妳自己的優點。
我會這樣跟她說！
好！我不會放棄，我要繼續挑戰。
嗯
欸
我仔細查了一下網路上關於後翻上槓的訣竅囉。
快來看

嗯……
①把重心放在腳上，身體往前踏幾次。
一、二、……
②手臂拉向身體，腳往頭上踢。
腳尖最好朝向旋轉的方向
手臂不要伸直！
腳不要往外踢！
③以腹股溝為中心，畫個弧度迴轉一下。
讓身體呈く字型！
縮下巴看肚臍
旋轉
原來如此
上面說這跟運動神經的好壞無關。
是喔
原來如此～我覺得好像做得到了。
嗯
我也是！
然而，三十分鐘後。
嗚嗚～手掌上的水泡破了～
身體好重，沒辦法如預期般地往上甩，
可能是手臂肌肉太弱的關係。
手臂脫力
結果第一次練習我們沒能成功地後翻上槓。
呼～
這樣的話，就要稍微減點肥了，也要訓練肌肉。
嗯
就這麼辦！
把手臂猛然往前拉似乎是後翻上槓的重點
來舉啞鈴
就這樣，這一段時間裡，我家都在進行節食&肌肉訓練。
飯後休息一下就來訓練肌肉吧
嗯
紫蘇葉烏梅雞肉卷
沙拉
蔬菜湯卷

然後，過了兩個月。
腦內模擬練習中
碎碎唸
重心放在腳上，手臂拉向身體，
碎碎唸
腹股溝頂在單槓上，腳尖朝著旋轉方向，縮下巴，小幅度迴轉。
好。
一、二……
吞口水
三！
喔
很好！
嗚咕咕……
！
一骨碌
成…成功了！
人生第一次的後翻上槓！
輕顫
輕顫
太棒了！成功了！成功了！
飄出來
太棒了～
感動
嗯、嗯，我學會了！

幾天後，
老公也成功了。
一鼓作氣
太棒了
我們
完成了
後翻上槓的挑戰。
在那之後。
學會
後翻上槓，
我回來了～
啊
抱歉
我的工作
還沒結束
你先吃飯吧
並沒有為生活
帶來特別的變化，
不過…
以前不時
浮現在腦海中，
與後翻上槓
有關的討厭往事，
啊
練習造成的
水泡都
痊癒脫皮了。
現在也
愈來愈少
想起了。
一定是因為
心裡又少了
一根自卑的刺，
我感覺比
以前放鬆了
一點。
啊
小椪也有嗎？
我也是！
看！
啊哈哈
真的耶，
像小學生的
手一樣。
順帶一提，
因為我
太高興了，
所以經過
公園時，
偶爾會進去
做一下
後翻上槓。
嘿

要讓「小時候的我」開心起來還可以這麼做

紅鞋

從小都是由媽媽替我決定衣著
因此到了對打扮產生興趣的年紀時
對於那些能穿漂亮衣服的同學們
我羨慕得不得了……
撿媽媽的衣服穿
有一天我和媽媽一起去買運動鞋
我一眼就愛上了那雙紅鞋
那什麼呀，太花俏了！
不能穿去學校的鞋子我可不買！
從此以後
那雙鞋
始終烙印
在我心裡
不知不覺間
紅鞋根本不適合我。

我竟然產生這種想法
但實際穿上以後……

能穿上自己盼望已久的鞋子，
我開心得難以言喻。
每當看見自己的腳
就樂得飄飄然

［第7話］ 試著相信別人對自己的讚美

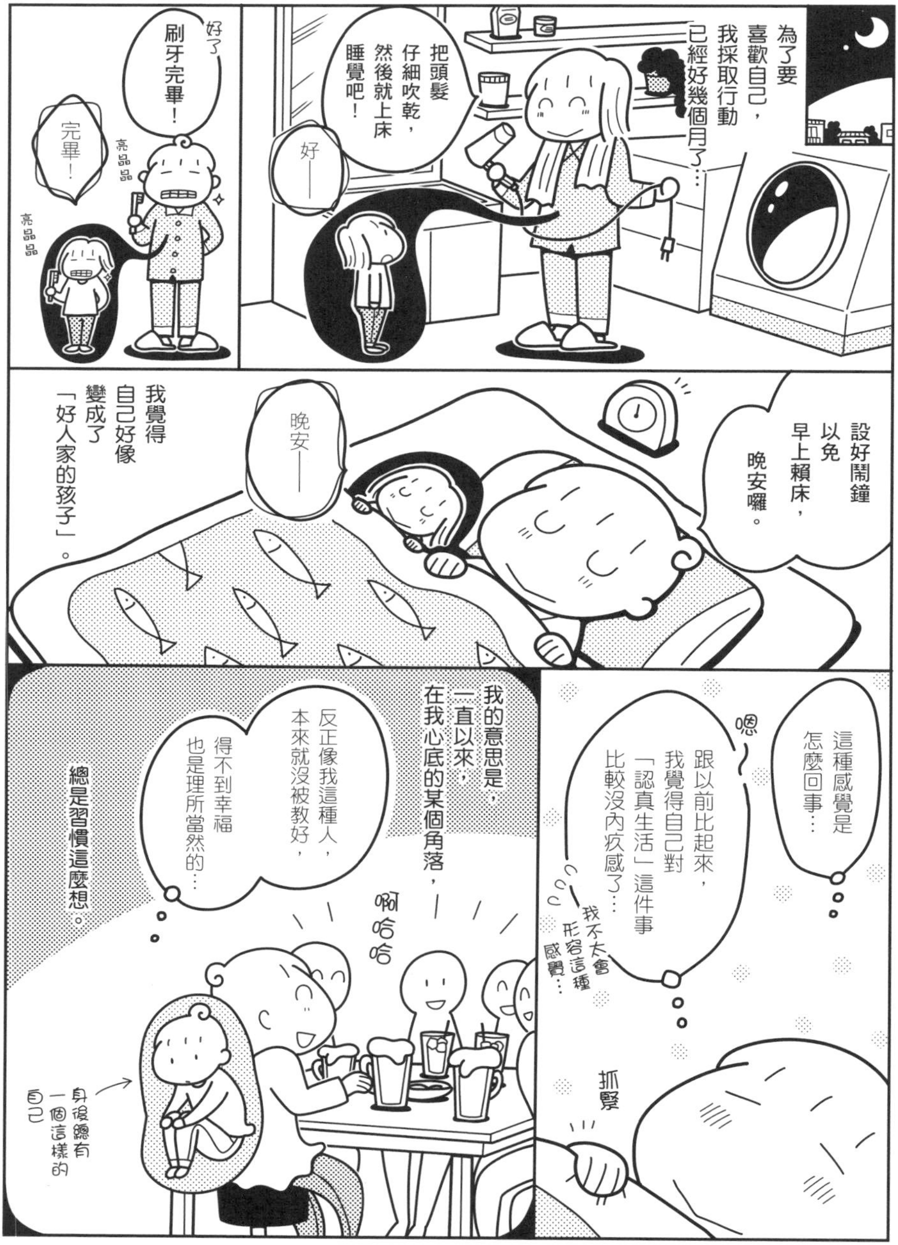

也許是因為這樣，
在髒亂的房間裡生活
體重95kg
反正，不管做什麼我都不會幸福。
導致我生活得很隨便，
那樣的生活不適合我，也不會特別想追求…
果然是我太奇怪了嗎
新成屋
換句話說，是我自己把「家庭帶來的幸福」推得遠遠的。
只要認真過生活，內心也會調整到良好狀態。以前我一直以為是反過來的，對我來說這是個新發現。
內心狀態良好的人
認真過生活
反之亦然！
就在某一天。
我因公拜訪某公司。
雜誌的採訪
那麼我們就採訪到這裡！非常感謝您。
謝謝。
咚
看樣子這會是一篇溫暖又親切的報導，就像小椪的個性一樣。
咦？
不不不
親切什麼的沒這回事！
我只是比較沒有主見而已～
搖手
搖手
搖手

妳不用這麼拼命地否認啦。
啊哈哈
啊!
哈哈 哈哈哈
不好意思…
回家路上。
我這個人,只要一被誇獎,
就會拼盡全力否認呢!
人家一稱讚我,不知道為什麼,我總會感到非常不好意思。
不不 沒這回事!
您的話令人不勝感激
實在不敢當
你好親切
人前
人後
老實得無趣
對方心裡說不定正這樣想…
我總忍不住懷疑,那些誇獎的話語背後是不是還有其他的涵義…
這也許是卑微又不好的習慣…
好想改過來
到底是從什麼時候開始有這種思考習慣的呢?
嗯~唔
回想起來,在我小學三年級的時候…
上課時,班上的K同學突然忍不住嘔吐起來。
牽牛花的成長
種籽
理科
X日

為此課程暫停，老師慌忙清理K同學的嘔吐物，
○山同學你去辦公室拿報紙過來
好
○月×日 值日生：○山
在喧嘩的教室中，K同學不知所措地站在那裡。
於是，有幾個男生開始嘲笑K同學，
嗯—
嗯—
嘎哈哈哈髒死了～
女生也竊竊私語，低聲嘻笑…
K同學忍不住就哭了出來…
啜泣
當時我和K同學很要好，
要想辦法讓K同學打起精神來。
嗯
嗯
!
所以我積極地幫老師收拾這些大家都不想做的事。
一點也不髒，一點也不髒，我不可以笑K同學！
使勁擦地
老師，我帶K同學去保健室好嗎？
啊也、也對，那就拜託妳了。
是我疏忽了！

小樾，謝謝妳。
不知怎麼的剛才突然覺得很不舒服……
不會啦
我不舒服的時候也會吐啊，誰都有這種時候。
肯定是的
然後，在回教室路上的洗手台邊。
啊
渡部樾同學。
嘩啦
嘩啦
老師。
呵呵呵
老師以前誤會妳了。
渡部樾同學，妳其實是個會為朋友著想又溫柔的好孩子。
老師對妳刮目相看囉！
微笑
雖然被老師誇獎了，
咦？
驚
愕
眼前一黑
但我還是受到很大的刺激。

那麼，老師以前到底是怎麼看我的呢？
單純反向思考的話
為朋友著想 → 捉弄朋友
溫柔 → 冷漠
好孩子 → 壞孩子
原本應該是這樣吧？
沉重
腳步
難道我一直被老師討厭嗎？
說不定我就是從這個時候開始，
無法坦然地接受別人的讚美吧？
當時的我，是個經常忘東忘西、不整理用具也不寫功課的問題兒童。
應該不是老師會喜歡的那種學生。
バス
噢！
飄出來
「小時候的我」又開始沮喪了。
如果我是她的媽媽，我會這麼說——
別在意！那時候妳做的沒有錯，
拍拍
妳是個會為朋友著想的好孩子哦！

而且，不管老師怎麼說，總之都誇獎了小椪，不是嗎？
K同學也跟妳說謝謝了喔
對於別人的讚美，妳可以誠實地把喜悅表現出來，對自己要有自信唷！
——啊，對了。
因為我對自己沒有自信，所以也有部分原因是我無法相信別人會誇獎我，又或者想要否定那些話。
看來應該會是一篇溫暖又親切的報導唷，就像小椪一樣。
嗯
S小姐，謝謝妳。
對於人家的讚美，要誠實地表現出喜悅。
如果能一點一滴地建立自信心，
今天正好用來記念我被人家誇獎，去喝一杯吧～
下酒菜吃什麼好呢？
漢堡排！
不受過去的話語擺佈，
公車
我就可以活得更加輕鬆自在。
我回來了～

關於小時候的痛苦體驗
有些人會反覆經歷這些事在心裡揮之不去
也有些人只經歷過一次但卻怎麼樣也無法忘懷
受到這些體驗的影響
有些人連日常生活都過不下去整天活在痛苦裡
也有些人即使外表看起來既有活力又幸福卻把傷口鎖在心底獨自承受
我也
這種程度的謾罵和體罰算不上什麼痛苦，我不能這麼想，因為還有人比我更難過。
曾有過那種壓抑情緒的時期
可是
不用跟別人比誰比較痛苦也不用騙自己並不痛苦
能這樣想才是修復內心的第一步

［第 8 話］ 第一次的現場演唱會

其實，要在大家面前唱歌，我對這件事有點心理創傷。
慌慌張張
飄出來
小學五年級的音樂考試時，每個人都要輪流唱歌。
那麼 下一個是渡部椪同學。
啊 是！
起立
因為太緊張了，所以我的聲音抖得很厲害，
現在～我的願望～
※日語歌：〈請給我翅膀〉
抖
抖
抖
音樂
結果被班上同學嘲笑了。
噗—
不斷竊笑
聲音真怪
好好笑喔～
我覺得很丟臉，忍不住哭了。
嗚～
我再也不要在大家面前唱歌了！
為什麼我總是發生這種事～
啊哈哈
但是，我其實很喜歡唱歌。
長大以後也有人約我去唱卡拉ＯＫ。
卡拉OK
續攤
好啊
無論如何，我都想要治好這種容易緊張的毛病，於是開始學習一直很嚮往的爵士樂。
可是，就算我練得再久，要我在三百人面前唱歌，還是不可能的任務啊！
嗯—不過～
就像廟會那樣而已啦—

妳學唱爵士樂已經有四年了，
去表演一下檢視成果不是很好嗎？
這種機會很難得耶～
GOOD
先生說的有道理！
可是…！
剛才我打電話問了負責人，
他說OK～
YOU上吧
事情就是這樣，四個月後，
我我我就要唱人生中的第一場現場演唱會了。
咿～
抖
拍肩
拍肩
要加油哦～！
抖
兩天後，在爵士聲樂的課堂上，
什麼——!?
第一次唱現場!?
那可得加緊練習了！
妳定了很棒的目標耶！
是…
老師是個一邊教課，一邊從事音樂活動的專業爵士歌手。
可是我光想到就緊張得不得了…
啊——都流手汗了～！
老師在台上唱歌時
不會緊張嗎？
當然也會啊！
像是太緊張而忘記歌詞、一開頭就唱錯，
甚至有過沒發現自己的假髮掉了還繼續唱歌的糗事。
掉落
我想應該有人在台下偷笑
欸
連老師也會有這種狀況啊！
意外…

不過，如果要說莫名的緊張，
那都發生在我「練習不夠充分」
或
「狀況不好」
的時候。
我的情形
筆記
筆記
了解
了解
或許是為了想掩飾那種狀態，把歌唱好，
我才會逞強，使整個人變得僵硬又緊張～
不能失敗
不能失敗
所以啊，妳要把身體調整到最佳狀態，加上充分的練習，然後再去唱現場！
是！
我會加油
那、那個…老師，我還有一個問題…
雖然是很奇怪的問題
嗯？什麼？
站在台上時，
唱得好爛～
醜女一個。
真無聊。
會不會像這樣因為觀眾的話而感到不安？我對自己的歌聲和外表都沒有自信，所以很怕在大家面前表演…
因為老師是個會唱歌的美女所以應該不會有這樣的問題
咦？
小椪被什麼人這樣說過嗎？
啊、沒有
現在是沒有，但…
在久遠的孩童時代的…

什麼嘛~！
那就不是別人說的，而是妳自己說的呀。
妳是在自我折磨唷。
驚愕
這麼說起來，當我對自己沒有自信時，內心浮現出來的話的確是…
我真是個沒用的傢伙…
為什麼連這個也不會…
哇~又醜又肥
或許，我說出來的話總是在折磨我自己…
站在舞台上時，就算只有自己一個人，也要當自己的最佳伙伴。
微笑
此時，剎那間——
我想起這幾個月來，我一邊激勵著「小時候的自己」，一邊生活的日子。
雖然很麻煩但還是要做
嗯
只要去做就會成功！
飄出來
說得沒錯！我是自己的伙伴！不管第一次唱現場表現得好不好，我都要盡全力去做現在我能做到的事！
練唱加油
嗯。
心情一口氣輕鬆了起來。

數日後
STUDIO
我開始和K桑為我找來的樂團成員一起練習！
全都是在和K桑喝酒時見過的人
這次就拜託各位了！
Jack
Ticky
阿山
雖然一開始因為不習慣而不知所措，
但幸虧有經驗豐富的團員們幫忙，
總算將我的歌聲和樂團合起來了。
如果要配合小椎的歌聲 這裡應該要用白玉吧？
OK—
白玉？
※白玉 意指二分音符或全音符這種延長音
終於到了演奏會當天。
哇啊！
快要輪到妳囉！目前的觀眾人數好像有兩百人以上哦，沒問題吧？
嗯
我果然還是很緊張…
噗
噗
噗
終於輪到我們上場了！
唯有自己才是自己的最佳伙伴
好
只要做我能做的事情就好，一點也不可怕。
嗯！
接下來歡迎爵士樂團『PON&FRIENDS』為我們帶來〈MISTY〉和〈SUMMER TIME〉這兩首歌！

!
啊啊
我現在，
可以毫不膽怯地歌唱了。
——換句話說。
唱歌令我感到非常愉快！
就這樣，連我自己都不敢相信，
敬禮
我竟然可以大大方方地唱完兩首歌。
鼓掌
鼓掌
以第一次來說，妳的膽量很大欸——！
很努力哦
太吃驚了！妳是目前為止唱最好的耶！
是那個內向的小椪欸！
好感慨啊～
從我出版第一本書開始就一直關照我的編輯們也來看了我的表演
欸嘿嘿
從此以後，我覺得——
成功了！
嗯！

上爵士聲樂課這件事，也變得愈來愈有趣了，
我會努力唱得更好
老師！我做到了！
我唱出來了！
吁——太好了！
恭喜妳！
受邀去唱卡拉OK時，
我也不像以前那麼緊張，而且愈來愈能享受唱歌的樂趣。
事後舉辦演唱會的慶功宴
結果最瞧不起我的不是別人，其實是我自己。
以後我不要再自我折磨了。
能夠在眾人面前輕鬆唱歌，或許就表示——
那是我愈來愈喜歡自己的證據，
心中某處好像獲得了解放，整個人神清氣爽，真是個美好的夜晚。
一股喜悅感打從心底油然而生。
下次就是個人演唱會囉YOU！
斷然拒絕
那個我還不行啦

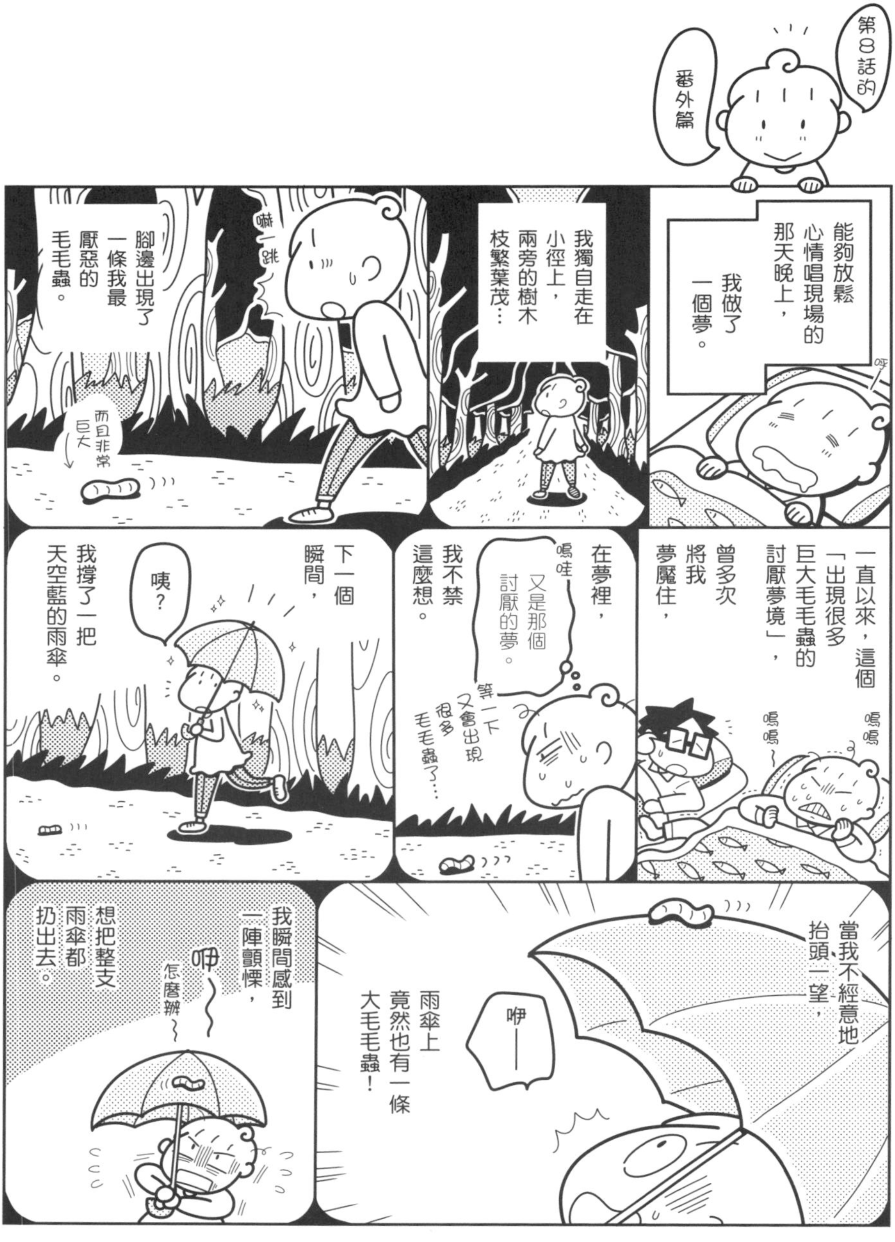

第8話的
番外篇
能夠放鬆心情唱現場的那天晚上，我做了一個夢。
呼
我獨自走在小徑上，兩旁的樹木枝繁葉茂…
嚇一跳
腳邊出現了一條我最厭惡的毛毛蟲。
而且非常巨大
一直以來，這個「出現很多巨大毛毛蟲的討厭夢境」，曾多次將我夢魘住，
嗚嗚
嗚嗚~
在夢裡，我不禁這麼想。
嗚哇—又是那個討厭的夢。
等一下又會出現很多毛毛蟲了…
下一個瞬間，
咦？
我撐了一把天空藍的雨傘。
當我不經意地抬頭一望，
咿—
雨傘上竟然也有一條大毛毛蟲！
我瞬間感到一陣顫慄，
咿~~
怎麼辦~
想把整支雨傘都扔出去。

但這一天不曉得為什麼，
可惡～～
我不要老是這樣認輸！
我如此心想——
於是就從雨傘內側，
嘿！
彈指
把毛毛蟲彈了出去。
然後，小徑上就再也見不著毛毛蟲的蹤影了。
夢到這裡，我醒過來，
揉揉
我不但可以放鬆地在演唱會上歌唱，還戰勝了毛毛蟲！
腦袋迷迷糊糊地這麼想，
因為這個夢太具象徵性，於是我查了關於解夢和心理分析的網站。
我找找看
打字 打字
枝繁葉茂的樹木＝成長或發展
很多毛毛蟲＝強烈的壓力、無處可避
雨傘←保護身體的東西、手段
蟲←自卑感
消滅毛毛蟲＝克服恐懼
天空藍＝正面的情緒
原來如此～
表示我從內在強大起來了！
真有趣
從此之後，我再也沒有夢見過毛毛蟲了。
呀啊～
當然現實中的毛毛蟲依然是我最討厭的東西

要讓「小時候的我」開心起來還可以這麼做

家族相片

［第 9 話］ 跟不上流行的理由

其實……
下次見
拜拜～
坦白說，我不覺得夏威夷有什麼魅力。
為什麼大家會深受夏威夷的吸引呢？
不僅如此，
大概是因為，去那些超熱門的觀光景點旅遊，總會讓我覺得有一點俗氣吧……
我甚至還有一些過分的念頭。
我把這些事情
我回來了～
跟老公說了之後……
喜歡去什麼樣的地方旅行是個人自由，
因為這樣就說別人俗氣也太扯了吧？
不准對人家說那種話
瞪
劈頭就被他罵了一頓。
您說的是
非常抱歉
我說妳呀～之前我就在想，
妳這個人是不是很容易對「主流事物」產生反感啊？
咦？
妳絕對不會看當紅的戲劇或電影，
Cinema
日劇
今晚9點敬請收看！
也完全不買流行服飾，
就連那些公認有趣的漫畫，妳也是要等一段時間之後才會去讀。
ニャブル
ゴールデンニャムイ
進ゲキの巨猫
呵呵呵
如果是這樣的話，感覺妳就是在譏笑那些跟風的人。

（註）圖中三本書，從左至右分別影射《碧藍之海Grand Blue》、《黃金神威》與《進擊的巨人》三部漫畫作品。

妳究竟是依據什麼原則才會這麼做？
不跟流行比較有格調嗎？
欸…那個…這個…
手足
無措
對於喜愛流行或經典商品的人看來，
像妳這樣的人，
就是「慢半拍的人」，
說不定還會笑妳呢，
還是注意一下比較好吧？
沮──喪
也不用說成這樣嘛…
呃…
老公今天的心情好像很差…
難得對我發飆♪
心跳如雷
不爽
其實他心裡一直很想去夏威夷
但被小椎說俗氣所以才怒火中燒
※此為後話
我的確認為跟風很丟臉，
有時候還會覺得跟大家採取相同的行動很討厭…
咦？
但小時候，如果有什麼事大家會做而我不會，
明明會讓我感到很自卑啊…
無法和大家一起行動
到處亂晃
沒辦法把字寫在格子裡
沒辦法互整地在圖形中上色
無法像別人一樣完成功課
嗯。
飄出來

為什麼，
無法和別人一樣的自卑感
完全相反
不願意和別人一樣的心情
我的想法會有這麼大的反差…？
就在某一天，
我在服裝店裡挑選衣服…
哦
這件又便宜又可愛！不過該怎麼穿呢？
輕薄透明～
¥2,980
只要在裡面加一件內搭衣就很可愛囉！
像這樣。
輕盈
店員
哦～好好看～
寬版褲很適合這種風格唷～
搭配有點透明感的上衣，這是最近流行的款式。
流行？
我下意識地環顧四周，
發現許多女性身上都穿著類似的服裝。

唔～
跟流行穿衣服，
變成外面
常見到的風格，
我不喜歡。
雖然很可愛沒錯
再說，
像我這樣
長相和身材
都不好的人，
穿上流行的
款式會被
笑吧？
不覺得丟臉嗎？
好像拚命
要趕流行
一樣丟臉
丟到家了～
嗤笑
嗤笑
情況或許會變成這樣…
嗯？
咦？
我剛才心裡想著
「像我這種人」
了嗎？
剛才我心裡一直
抱持著兩種
完全不同的意見，
不願意和
別人一樣的
心情
完全
相反
無法和
別人一樣的
自卑感
在這種
心理狀態中，
我似乎找到了答案。
這該不會
是因為…
無法和
大家一樣的
自卑感，
對了！
如果不和
大家一樣
的話，
就不用因為
比較而
感到沮喪。
內心深處
這麼想。
所以
為了不和
大家一樣，
我找了
藉口掩飾。
我果然
不喜歡這些
東西呀～
這種想法成了
我的思考習慣
固定下來…
因此才
造就了我現在
「不願意和
大家一樣」
的心態嗎？

在沒有自信的表面下，也許我對「與眾不同的自己」、「奇異的自己」這種形象抱持憧憬吧…
「討厭和大家一樣」這種思考習慣乍看之下很有個性，但背後也顯示出自我肯定感的低落。
嗯？也就是說，其實我明明做得到，但最後沒有完成，可能都要歸咎於這種思考習慣。
在聽說這件衣服是流行款之前，
啊 這件真可愛~
我原本是這樣想的，後來卻差點放棄。
飄出來
嗯 我懂了！這個部分也要改變。
握拳
不好意思，我想試穿這套。
好的—
仔細想想，說什麼「討厭和大家一樣」，這種想法不正是受人左右嗎？
如果自己覺得好，那就坦然接受吧！
好期待喲—
這位客人~ 請問尺寸適合嗎？
我可以開門嗎？
啊 好，看起來還不錯…

哎呀
很好看唷，衣服很適合您～
真…真的嗎？
不安
只要像這樣自然地攏起，就會很可愛，
將頭髮鬆鬆地盤起，就能展現出隨性的氛圍喔！
把髮尾抓鬆
蓬鬆的丸子頭
垂落的細髮
哦～原來如此。
那個
我要直接穿著回家。
麻煩結帳
好的
我幫您取下商標。
謝謝您的惠顧——
大膽地穿上流行服飾在路上走，比想像中還更開心呢！
穿著自成一格的衣服時才要擔心吧…
這樣會不會很奇怪
好可愛的衣服真高興！
輕飄飄
——換句話說，無論情況是哪一種，我都太在意別人的目光了。
真是壞習慣
不管我能不能跟大家一樣，我就是我，
肯定自己才是正解！這樣想就行了。
嗯。

Boo
嗯？
夏威夷
夏威夷啊～這麼說來，我還沒仔細調查過那是個什麼樣的地方呢～
我看我看～
夏威夷總給人這種印象。
大漢堡
草裙舞
免稅
藝人
夏威夷
哇！
這是怎樣！我喜歡的活動竟然有一大堆耶！
除了大海也有健行步道
嘩嘩
還可以看瀑布
夏威夷有火山
可以找到花崗岩或橄欖石之類的礦物吧♥
礦石迷
農夫市集
我最喜歡市場了！
水果
興奮
興奮
海灘漂流物
可愛的有機化妝品
以前都不知道欸～
看起來好好玩
夏威夷
買這本回去，試著跟老公提議去夏威夷旅行吧！
夏威夷
無法和大家一樣，不想和大家一樣，我心中那片迷霧都煙消雲散了。
我有預感，我會重新享受屬於自己的人生。
夏威夷

要讓「小時候的我」開心起來還可以這麼做

小學生的練習題

［第10話］ 就算無法諒解他人，也可以擁有幸福

叮咚—
好久不見的朋友N從家鄉來看我。
我來八王子參加奶奶的三回忌（註）。
打擾囉
好不容易能出門一趟，所以才想著要過來找妳～
這是禮物！
南瓜派
哇啊
是寒月堂的南瓜派！
謝謝！
哇～
是S太呀，你好，長大了呢～
之前妳看到的時候還是個嬰兒呢！
小噗—
幾歲啦？
我和N是從小就認識的好朋友，
我們開心地聊著往事，不知不覺就忘了時間。
住在寺院旁邊的O山君已經結婚了
太太是個大美人耶
哦—
恭喜恭喜！
呼～
真希望以後還有時間這樣聊天！
因為妳很少回鄉下來嘛。
啊哈哈
嗯，對呀。
說到這個，妳已經有好幾年沒有回來了吧？
那時候發生了什麼事嗎？
嗯…
其…其實，

（註）在人死後的第二年舉辦的佛教法會。

我…有段時間和娘家斷絕了關係。
咦——!?
十七歲時，爸媽反對我去讀美術大學，要求我從家裡通車到信用金庫上班。
我媽媽說，
要我通車去上班，薪水就匯進家裡的帳戶，到了二十三歲時再透過認識的人招贅，然後在我家的土地上蓋棟新房。
零用錢每個月兩萬圓
大概這樣。
班導A老師
雙方會談
喂
那樣真的好嗎？小椪不是一直說要去東京的美術大學嗎？
此時的我，對於母親的束縛和謾罵，已經完全失去了反抗的力氣。
是…——我已經無所謂了。
就算我拿獎學金去讀書也沒信心還得出來…
雙方會談
怒
不行
妳這樣子下去會完蛋！
美術大學先不提，但妳最好離家一趟。
交給老師吧！
A老師說完後，當天晚上就來我家拜訪。
其實有一間很少採用高中畢業生的大企業，我們學校有兩個推薦名額哦！
謊話
這是非常光榮的事情唷～
謊話
因此老師們一致決議推薦內部評價優良的小椪進去，
公司不但有宿舍，還有門禁，我想父母應該會很放心。
渡部媽媽您覺得怎麼樣？
不安

原本虛榮心就強的媽媽高興了起來。
是呀，如果是那麼有名的公司，應該很不錯喔！
那就三年！三年之後一定要回來，在這裡上班。
而且對相親也很有利
！
喂！
悄悄話
離家以後就是自己的事囉，
想做什麼就去做吧！就算再也不回家也沒關係！
悄悄話
悄悄話
嘻嘻嘻
去畫漫畫吧！
老師！
就這樣，高中一畢業我便離開家裡，成功地來到東京。
謝謝你，A老師…
東京
TOKYO
三年過後，我當然一點也不想回去…
對不起，我想留在這裡再努力看看，所以還不會回去…
正投入全副心神在畫投稿用的漫畫
於是媽媽在電話裡破口大罵。
不可原諒！
妳要打破三年回家的約定嗎！
之後也打算一直不給家裡錢，自己到處去玩嗎！
之前要我匯錢回家但被我拒絕了
我明白了！反正妳一定是在那裏有了男人對吧？
妳這個破麻！
媽媽的話，對於朝著夢想前進的我而言，即便同樣身為女人，

我也無法再忍受下去了。
喂、小椪嗎？
不用在意我們，想做什麼就去做，
自己多保重身體！
這個不孝女！
再見
騙子
妳是什麼東西
媽媽的吼叫聲連我這邊也聽得到
……
到目前為止，不管媽媽罵得再難聽，我都忍下來了，可是這次我再也受不了了…
那不是母女吵架時會講的話…
此時，我感覺自己心中的理智線斷了。
從那之後，我就和娘家切斷一切連繫，事實上便是斷絕了關係。
不過，幾年前我聽堂兄弟說，
我最愛的奶奶活不久了，讓我坐立不安，所以才和家裡主動聯絡。
難以置信～
竟然有這種事！
小椪的媽媽聽起來好恐怖～
然後？現在呢？
有經常打電話回去嗎？
沒有，完全沒打。
我的奶奶和爸爸都過世了，我和我媽一年大概會通信個幾次。
雖然還有個弟弟但我們不太聊天
我媽比以前沉穩多了，
但現在這樣的距離，我覺得比較舒服。

可是～
我們也已經有了點年紀對吧？
嗯。
父母也是，會慢慢地變老，
我們可以孝順的時間出乎意料的短喔。
不要逞強，和媽媽和好吧～
妳媽媽一定也很寂寞
咦？
畢竟是世界上唯一和我們血脈相連的母親嘛！
小椪也生個孩子就會懂了。
拍
拍
不管兩人之間發生了什麼事，母女終究是母女。
好好珍惜自己的媽媽吧～
………
……
啊……
原來如此，
我失敗了……
抓
在這個世界上，受虐的孩子是以什麼樣的心情活著，施虐的父母到底是什麼樣的人，
還是有些人無法想像，也不能理解。
也是有人這樣想，
我還是不要說太多吧。
因為是從小到大的好朋友我才敞開心扉說出來可是…

N沒有惡意，她一定只是無法理解而已。
只不過是出於善意才說的吧
即使我這樣告訴自己，但那個「小時候的我」卻吵鬧不休。
為什麼受到殘忍對待的我，就非得孝順不可呢？
飄出來
我不能夠不原諒她嗎？
多年以來，這些話一直在我心中反覆出現。
我無法原諒媽媽，所以是壞孩子!?
啊 已經是這個時間啦
我們要回家了S太！
那麼 再見！下次在山形見喔！
嗯。
這麼一來——
關門
我愈來愈不能脫離自我否定的漩渦。
顫抖
顫抖
說什麼「生個小孩就會懂」…
顫抖
我這種人哪有資格當人家的父母。

我回來了——
哦？今天誰來過呀？
哇！
驚
冒出來
你回來啦～
——發、發生了什麼事啊？都告訴我吧。
眼皮腫到不行欸
嗯⋯
於是我跟老公說了今天的事和我的想法。
——事情就是這樣。
原來如此——妳沒辦法原諒母親，
所以才有罪惡感吧～
有了罪惡感之後，不知不覺中，妳就會覺得活著必須忍耐許多事情。
「在不原諒他人的狀態下，也可以擁有幸福！」
我是這樣想的。
啜飲

我啊～在前前公司有一個超級討人厭的同事，就算到了現在，我還是很想把他痛扁一頓！
經常換工作
可惡～
光想到就一肚子氣！
到現在我還是超討厭那傢伙！
不過現在的新公司讓我待得很安心，我感到非常幸福♥
這兩種都是我真正的心情，而且兩者並存。
一想到「血緣」，我們就容易把事情複雜化。
但我的意思是，妳在不原諒母親的狀態下，自己一樣可以獲得幸福。
！
——也許，在我的心底深處，其實是想要原諒母親的。
嗚哇啊啊…
我想成為被媽媽疼愛的好孩子、被媽媽深愛的幸福孩子，
可就因為辦不到到頭來，我還是不能原諒媽媽，
因此，是我無法原諒那個「不原諒母親的自己」。

所以，一路走來，不讓自己擁有幸福、盡力否定自己的人，說不定就是我自己。
拍拍
抽抽 噎噎
天黑了⋯
啊～抱歉～晚餐時間超過好久了⋯
平靜下來了嗎？
有咖啡牛奶喔
嗯平靜下來之後怎麼覺得肚子好餓！總之，我現在要追求的第一個幸福，是「豚骨拉麵」！
嗯～
伸展～
喔！好啊，我們一起去吃吧！
未來是否有打從心底原諒媽媽的一天，我自己也不知道——
但是另一方面，我下定了決心，要用我自己的方式，使自己的人生變得更幸福！
哇啊 這樣出門還真難看！
戴眼鏡出去吧
在心底深處，我感受到一股正面情緒，彷彿有一扇嶄新的門被開啟了。
也去吃個餃子吧
我也要～

［第 11 話］ 我能夠想起「美好的回憶」了

這個媽媽，一定也是在父母溫柔的呵護下長大的吧？
縮
等下就要下車囉　先把玩具收進包包裡吧
在我家這種環境成長的話，根本沒辦法對自己的孩子灌注全部的愛。
雖然也有人會因此更努力要當個好父母
會讓沒有自信當媽媽的我，再次陷入低潮中。
那個那個　如果不好好整理東西，到了晚上時，老鼠先生就會把玩具帶走喔！
真的呀　那不整理不行呢！
—嗯？老鼠先生？
這時，我想起了很久以前忘得一乾二淨的往事。
我想想我想想　「老鼠先生」。
嗯—是什麼咧？小時候好像發生過關於老鼠先生跑出來的事情耶。
呼～好重
咚
今天老鼠先生送來巧克力唷！
巧克力
咦？

——沒錯！
那確實是媽媽……
當時，我才剛進幼稚園。
爸媽和爺爺奶奶在某方面並不在意我的健康狀態，
從小我就是個體重過重、滿嘴爛牙的小孩。
把汽水裝在奶瓶裡給我喝
POTATO
不管是幼稚園還是固定看診的醫院，都曾多次要求注意我的體重和牙齒。
媽媽覺得必須限制我的零食。
我還要吃～
明明每次都有的～
剛才吃過了吧？已經沒有了！
可是之前一直放任我吃零食，現在突然嚴格限制，我怎麼受得了……

對食物的觀察敏銳

我看到妳剛才從櫥櫃上拿出點心，

那裡一定還有！
驚訝

呃—
呃—
櫥櫃上的「老鼠市場」今天已經打烊囉！
來唷
大家過來看唷
吱吱！
巧克力
明天開市時再買給妳。
老鼠市場？
對呀
媽媽跟老鼠是好朋友，所以牠們才會到櫥櫃上開市場。
不過老鼠的體型很小，每天只能搬一個點心過來。
嘿喲
嘿喲
巧克力
所以今天的分已經沒有了。
老鼠市場～真棒，好想看哦！
迷濛
迷濛
迷濛
迷濛
要當好孩子才看得到。
從這一天開始，我的點心都是從老鼠市場買來的。
呵…
想像膨脹中
老鼠先生、老鼠先生，今天的點心是什麼呀？
ワク
ワク

老鼠先生說今天是餅乾——
哇啊
搬這塊餅乾一定很辛苦吧！
啊
媽媽，要怎麼付錢呢？
媽媽每天都會幫老鼠先生做小飯糰當作酬勞，不用擔心！
明天的點心是什麼呢？
好期待唷
從「老鼠市場」買點心的日子，我記得後來持續了一個月左右。
點心？在那裡去吃吧
咦？老鼠先生呢？
薯片
老鼠市場最後是怎麼結束的咧？最後我的蛀牙和肥胖都沒有改善。
——不過，想不到我和媽媽之間還有這個美好的回憶。
飄出來喔
結果，明明想起了和媽媽之間的愉快往事，
嗯？
為何會有這種浮躁的情緒？
但「小時候的我」卻一副愁眉苦臉的樣子。

什麼和媽媽的美好回憶，我一點也不想要！
我媽媽不是個好媽媽！我不原諒她！
如果想起了美好的回憶，我會不知道自己該怪誰……
!!
一直以來，我不斷想起與母親之間的痛苦往事，因為憎恨母親，
我被罵成那樣
被打
被踢
被丟棄
被嘲笑
所以我拚命地安慰自己。
原來，我一直把和母親之間的美好回憶強硬地鎖在內心深處。
好難過
好痛哦
好可怕
真是可憐……
但是，今天我卻自然而然地想起了和母親之間的美好回憶。

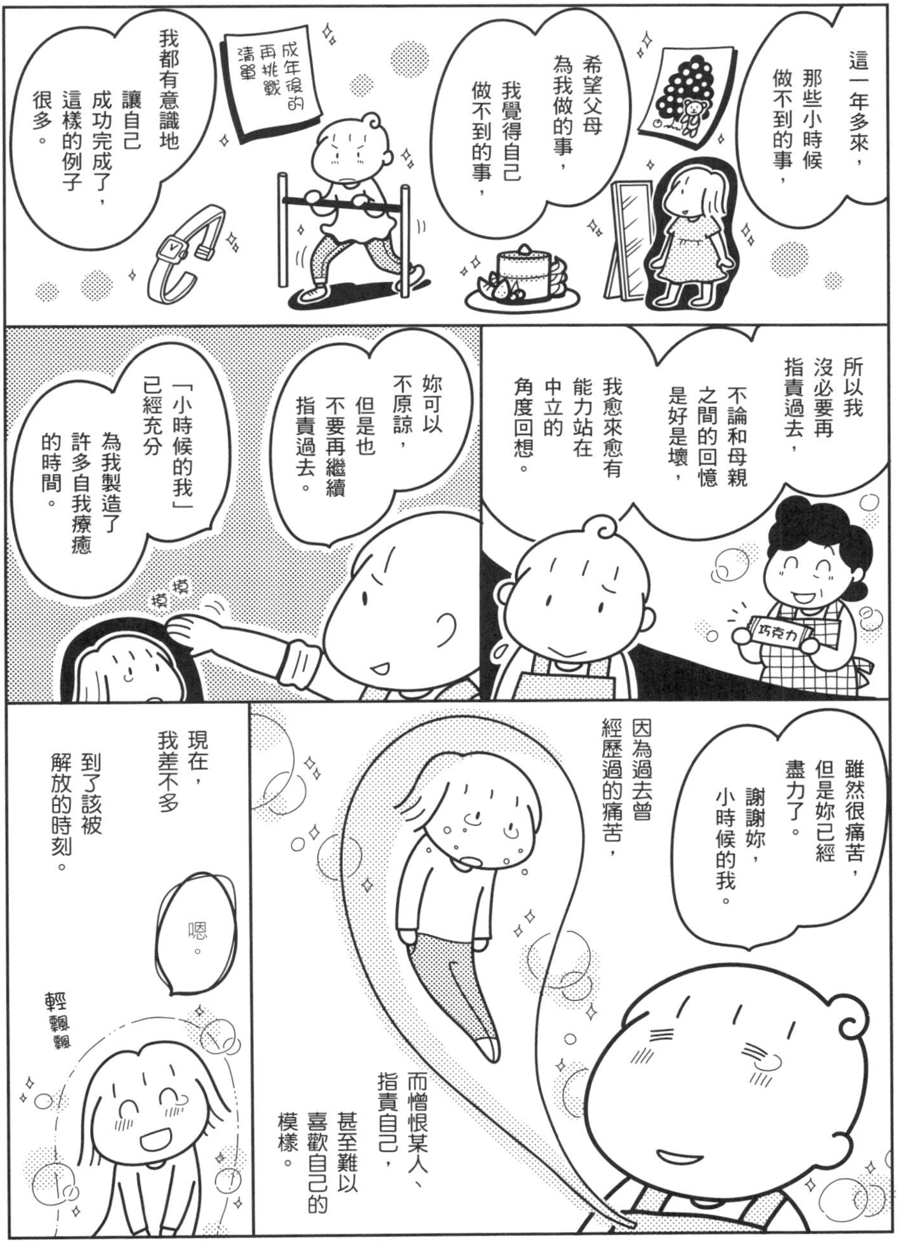
這一年多來，那些小時候做不到的事，
希望父母為我做的事，我覺得自己做不到的事，
成年後的再挑戰清單
我都有意識地讓自己成功完成了，這樣的例子很多。
所以我沒必要再指責過去，
不論和母親之間的回憶是好是壞，
我愈來愈有能力站在中立的角度回想。
巧克力
妳可以不原諒，但是也不要再繼續指責過去。
「小時候的我」已經充分為我製造了許多自我療癒的時間。
摸摸
雖然很痛苦，但是妳已經盡力了。
謝謝妳，小時候的我。
因為過去曾經歷過的痛苦，
而憎恨某人、指責自己，甚至難以喜歡自己的模樣。
現在，我差不多到了該被解放的時刻。
嗯。
輕飄飄

不再討厭自己以後
我可以做到這些事哦
這款粉底的遮瑕力比較好喔
我能夠跟櫃姐討論怎麼化妝了
每個人都不一樣 大家都很棒
不再對自己吹毛求疵
也不再挑別人的毛病
可以和第一次見面的人
輕鬆地聊天了
練唱爵士樂時
我想把這裡改編一下再唱，但又怕丟臉……
以前我只會照著教科書唱
現在已經慢慢可以依自己的喜好編曲了
很好喔
當自己的事情太多太雜時，還是常做不到呢。
啊！錢包掉了喔！
我愈來愈懂得如何友善待人和體貼別人
我學會了和不好應付的人保持距離

尾聲　談談〈喜歡自己〉這件事

假裝現在才發現
啊 妳、妳好。
哎呀~妳好，要去買菜嗎？
剛才我跟那邊的魚販買秋刀魚，看起來很好吃喔！
妳看！喜歡吃魚的話可以去買唷！
哇啊 好新鮮喔！看起來好好吃。
那我也去魚攤那裡看看~ 先走囉！
好喔~ 再見~
成功了！太棒了！剛才我不就像普通大人一樣，和人家打招呼了嗎!?
點點頭
不好意思 請給我這個——
我也做得到嘛！
當天晚上。
晚餐過後的放鬆時刻。
老公—— 背景音樂我切到放送大學的節目可以嗎？
最近很愛這個節目
可以啊——
打電動中
嗶嗶

在播什麼有趣的主題呢？
考古學？生物學？
嗯？
心理學
心理創傷和PTSD
OX大學
△△△△教授
這次的節目碰巧在播心理學。
受到強烈衝擊的人，
心裡所留下的創傷機制，
及其相關分類。
本來打算當背景音樂卻看到入迷…
——今天的節目就到這裡，
除了學術內容外，我這裡提供一下個人的看法…
曾有過痛苦體驗，內心遭受創傷的人，
雖然有時候甚至連要正常生活都很困難，
但是，當這些人自己站起來行動時，
我認為他們會比任何人下更多功夫，
並發揮積極的態度，找回屬於自己的生存方式。
！

嗯，我也是這麼想。
哇！你有在聽啊？
說到這個，之前我們去千葉的姑姑家時，姑姑趁妳在洗澡時說過。
姑姑是爸爸的姐姐
小樅呀，從小就會看大人的臉色，是個畏首畏尾、小心翼翼的孩子。
雖然我察覺到她和媽媽之間的問題，但卻很難開口介入，
真可憐哪…
不過，經歷了那麼多的磨難，未來等待小樅的一定全都是好事！
你們兩個要再來玩喔！
——所以呀，姑姑也在幫妳加油呢！
嗯！我會記住的！
姑姑謝謝妳
之前，我一直很討厭自己。

討厭、討厭，
有時候我甚至想從世界上消失。
啜泣
啜泣
可是，為了滿足「小時候的我」的心願，我做了各種嘗試，
我想要開始喜歡我自己！
在這過程中，這句話一直在我心裡浮現。
如果我真的不喜歡自己，無論變成怎樣都不在乎的話，根本不可能會有「想要喜歡自己」的念頭。
也就是說，在我的心裡，說不定原本就一直存在著要珍惜自己的想法了。
坦白講，我不知道自己是否能挺起胸膛說：「我喜歡自己」，
但是現在，做自己讓我愈來愈輕鬆自在，這一點無庸置疑。
無論是現在仍舊討厭的部分，還是慢慢轉變為喜愛的部分，我都會接納包容。
接下來要嘗試什麼呢？
我想想哦。
今後我也將引導著自己，帶著歡笑與淚水，繼續走下去。

結語

謝謝您將這本書讀到最後！

一直以來，我都是根據真實經歷來描繪漫畫，但從沒有哪次像這回如此艱難過。我的心中充滿了許多話語和情緒，卻無法整理得很完整，不知道該說什麼才好……。
當我重新面對自以為早就克服的過去時，依然產生了情緒波動，我感到很驚訝，年幼時的記憶依然鮮明地留在心中。
我想，有些人即使想要喜歡自己，卻難以付諸行動，內心懷抱著痛苦。
請先不要勉強自己，好好安撫身心，就像書裡的爵士樂老師所言：「就算只有自己一個人，也要當自己的最佳夥伴」，把這句話放在腦海中的小角落，若能時時浮現，那就太好了！

最後的最後，要感謝在畫這部作品時，支持我的家人和朋友，以及引頸期盼的讀者們，還有總是能深深理解我的責任編輯H桑，非常謝謝你。

渡部椪

〈初出〉本書為「小說幻冬」VOL.13～23的隔月連載內容加筆而成。

JIBUN WO SUKI NI NARITAI.: JIKOKOTEIKAN WO AGERUTAME NI YATTEMITA KOTO
by Pon Watanabe

First published in Japan by Gentosha Publishing Inc.

This Complex Chinese edition is published by arrangement with Gentosha Publishing Inc., Tokyo c/o Tuttle-Mori Agency, Inc., Tokyo.

日文版工作人員
書籍設計　坂野弘美

開始喜歡我自己。

在滿地的碎玻璃中，慢慢重建一顆勇敢自信的心

2019年9月1日初版第一刷發行

作　　者　渡部榌
譯　　者　游念玲
編　　輯　魏紫庭
發 行 人　南部裕
發 行 所　台灣東販股份有限公司
＜網址＞http://www.tohan.com.tw
法律顧問　蕭雄淋律師
香港發行　萬里機構出版有限公司
＜地址＞香港鰂魚涌英皇道1065號東達中心1305室
＜電話＞2564 7511
＜傳真＞2565 5539
＜電郵＞info@wanlibk.com
＜網址＞http://www.wanlibk.com
http://www.facebook.com/wanlibk
香港經銷　香港聯合書刊物流有限公司
＜地址＞香港新界大埔汀麗路36號
中華商務印刷大廈3字樓
＜電話＞2150 2100
＜傳真＞2407 3062
＜電郵＞info@suplogistics.com.hk

Printed in Taiwan, China.